AF469792

VENTE AU VAL-GABRI, A BURES

Près Poissy (Seine-et-Oise)

TRÈS BEAUX

MOBILIERS ARTISTIQUES

Garnissant le Château et les Dépendances

DU VAL-GABRI, A BURES

De la Villa des Baillis à Sandrancourt et de Chapet

APPARTENANT

A Mme Gabrielle ELLUINI

Par le ministère de Me BONNET, Notaire à Triel

Avec le concours de	Et avec l'assistance de
Me ESCRIBE	M. A. BLOCHE
COMMISS^re-PRISEUR	EXPERT
rue de Hanovre, n° 6	rue Laffitte, n° 44

PARIS — 1884

CATALOGUE
DES TRÈS BEAUX

MOBILIERS ARTISTIQUES

Riches Tentures brodées
Rideaux, Portières, Tapis, Billards, Jeux divers, Piano de Planchat
Violon de Cappa

MEUBLES ANCIENS ET DE STYLE

Bronzes de Grégoire, de Pollet. Marbres de Sarah Bernhardt. Porcelaines
Faïences anciennes, Cuivres, Étains

IMPORTANTE COLLECTION DE 36 AQUARELLES DE DURANDEAU

TABLEAUX, DESSINS, CUIVRES, ÉTAINS

SÉRIE DE 4 BELLES TAPISSERIES D'AUBUSSON

REPRÉSENTANT LES SAISONS

Meubles rustiques, Mobilier courant, Ustensiles d'écurie et de jardinage

GRANDS VINS DE FRANCE, COGNAC

CHIENS DE LUXE ET DE GARDE

UNE JUMENT, UN ANE, UNE CHARRETTE

Livrées, Harnais, nombreux Porte-Bouteilles

PLANTES DE SERRES CHAUDES ET DE JARDIN

LE TOUT APPARTENANT

à Mme Gabrielle ELLUINI

PROVENANT

De la Villa des Baillis à Sandrancourt et de la Chapet

ET GARNISSANT LE CHATEAU ET LES DÉPENDANCES

DU VAL-GABRI, A BURES

Près Poissy (Seine-et-Oise)

OU LA VENTE AURA LIEU

Les Dimanche 19, Lundi 20, Mardi 21, Mercredi 22, Jeudi 23 Octobre 1884

Et jours suivants, s'il y a lieu

A UNE HEURE

Par le ministère de **Me BONNET**, Notaire à Triel

Avec le concours de	Et avec l'assistance de
Me ESCRIBE	**M. A. BLOCHE**
COMMISSre-PRISEUR	EXPERT
rue de Hanovre, no 6	rue Laffitte, no 44

CHEZ LESQUELS SE DISTRIBUE LE PRÉSENT CATALOGUE.

EXPOSITIONS

PARTICULIÈRE	PUBLIQUE
Les Jeudi 16 et Vendredi 17 Octobre 1884	Le Samedi 18 Octobre 1884

DE ONZE HEURES A QUATRE HEURES ET DEMIE

PARIS — 1884

CONDITIONS DE LA VENTE

Elle sera faite expressément au comptant.

Les Acquéreurs paieront DIX POUR CENT en sus du prix des adjudications, applicables aux frais.

Les Expositions mettant le Public à même de se rendre compte de l'état et de la nature des objets, il ne sera admis aucune réclamation une fois l'adjudication prononcée.

NOTA

HEURES DES TRAINS POUR ALLER A POISSY

A PARIS (gare Saint-Lazare)

Matin : 8 h. 50 — 9 h. 45 — 10 h. 50 — 11 h. 30
Soir : 2 h.

HEURES DES TRAINS POUR RETOUR A PARIS

De POISSY

Soir : 1 h. 59 — 3 h. 11 — 3 h. 37 — 4 h. 44
6 h. 14 — 6 h. 45 — 7 h. 7

Services de voitures et d'omnibus, à chaque train, pour Val-Gabri.

MOBILIER

ET

OBJETS D'ART

DU CHATEAU ET DES DÉPENDANCES

DE

VAL-GABRI

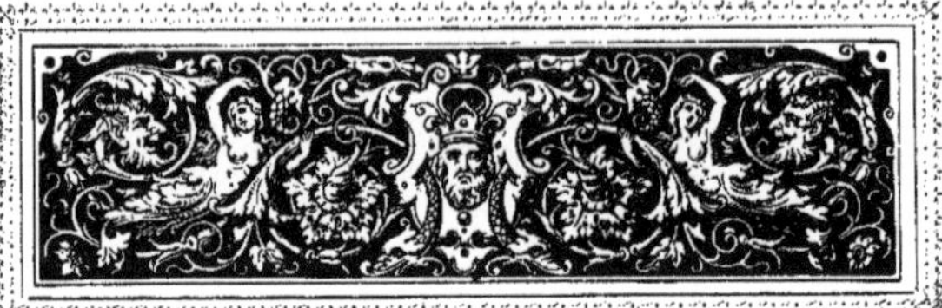

DÉSIGNATION

VESTIBULE

1 — Portière en tapisserie dite verdure, ornée de broderie à fleurs, encadrée de damas rouge, avec cordelières assorties.

2 — Petite Portière formée d'une pente en tapisserie à fleurs montée sur fond de panne rouge, avec cordelière assortie.

3 — Porte-Manteaux et Parapluies en noyer sculpté offrant, en bas-relief, des figures de nymphes avec patères en cuivre poli et fronton à tête fantastique et figures de dragons, style Renaissance.

3 *bis* — **Deux Chaises à hauts dossiers, couvertes en cuir dit de Cordoue, fond brun à rehauts d'or, style Louis XIII.**

4 — Banquette formant coffre en chêne sculpté.

5 — Deux Supports à quatre faces en chêne sculpté avec feuillages et enroulements sculptés en bas-reliefs, style Louis XIII.

6 — Jolie Lanterne en cuivre poli et repercé, forme Louis XIII.

7 — Deux Lampadaires d'appliques en cuivre poli, style Louis XIII.

8 — Paire de Lampes en porcelaine de chine, fond bleu marbre et truité fin, avec dragons en relief, monture en cuivre.

9 — Glace avec cadre en chêne sculpté à fronton, style Louis XIV.

10 — Quatre Bois de Cerfs.

11 — Tête de Loup naturalisée.

12 — Trophée d'armes sauvages.

13 — Deux Colonnes en stuc.

14 — Deux Supports en terre émaillée, fond vert.

SALLE A MANGER

15 — Série de quatre très belles **TAPISSERIES** d'Aubusson du temps de Louis XVI, représentant **Les Saisons** avec jolies bordures formées de draperies tombant en cantonnières enguirlandées de fleurs.

LE PRINTEMPS. — Composition de trois figures : Jardinier et jardinières dans un jardin tout émaillé de fleurs, se livrent aux travaux champêtres, au fond se déroule un paysage mouvementé. — Larg. 2m45. Haut. 2m65.

L'ÉTÉ. — Composition de six personnages : Dans un champ une moissonneuse coupe les blés, un paysan monté sur une échelle présente des cerises qu'il vient de cueillir à deux femmes assises au pied de l'arbre. Au premier plan, un moissonneur campé sur des gerbes de blé vide une gourde et un petit garçon se promène à califourchon sur une chèvre. — Larg. 2m35. Haut. 2m65.

L'AUTOMNE. — Composition de quatre personnages : à gauche une jeune paysanne et un jeune paysan devisent d'amour et s'offrent galamment les fruits de leurs vendanges, un rival jaloux les observe ; à droite : un vendangeur renverse sa hotte dans une barrique. — Larg. 2m15. Haut. 2m60.

L'HIVER. — Composition de trois personnages : au milieu d'un paysage arrosé par un cours d'eau, des enfants attisent un brasier et un autre se livre au doux plaisir du patinage. Larg. 2m10. Haut. 2m60.

Les quatre Tapisseries sont accompagnées d'encadrements en chêne sculpté de style Louis XVI.

16 — Jolie Porte à deux battants, en panne rouge, richement brodée de fleurs, de fruits et de feuillages en tapisserie au point, style Louis XIII, deux bassinoires en cuivre repoussé sont appliquées au milieu de chaque battant et onze soucoupes en ancienne porcelaine du japon, décor polychrome, sont encastrées.

17 — Deux grandes et belles Cantonnières, en panne rouge, richement ornées de rinceaux et de guirlandes de fleurs en tapisserie et garnies de franges assorties, style Louis XIII.

18 — Très beau Tapis de table, en panne rouge ornée de quatre aigles aux ailes éployées et de guirlandes de fleurs en tapisserie et en broderie, bordé de chenille et de franges assorties, style Louis XIII. — Larg. 2m35. Long. 4m.

19 — Beau Bandeau en tapisserie représentant un Roi et une Reine, dans un palais à colonnades, environnés d'enfants leur apportant des présents et conduisant une cygogne, bordé de galons et de franges multicolores, époque Renaissance. — Long. 1m50. Haut. 0m60.

20 — Carpette orientale fond rouge à quadruple bordure à petits dessins.

21 — Chemin genre smyrne à petits dessins. — Longueur 21m40.

22-23 — Deux grands et magnifiques Buffets dressoirs en bois sculpté avec montants ornés de figures de femmes et de cariatides. La partie haute s'ouvre à deux battants vitrés et la partie inférieure, en forme de crédence, offrent des panneaux anciens à têtes de chérubins et dessins en ogive, aspect monumental de style Renaissance.

24 — Grand et beau Meuble breton en bois sculpté, s'ouvrant à quatre battants, orné de rosaces à jour, avec fronton à consoles, balustrade et rosaces, montants à guirlandes de fleurs et de feuillages. En partie supporté par quatre balustres feuillagés surmontés de couronnements à frontons, travail partie ancien de l'époque Louis XIII.

25 — Meuble crédence en bois sculpté, s'ouvrant dans la partie basse à deux battants, avec deux tiroirs à feuillages et poignées formées de groupes d'enfants. La partie supérieure à jour est supportée par des cariatides de femmes et de guerriers, époque Louis XIII.

26 — Crédence en noyer sculpté offrant sur le battant central un sujet allégorique à la Nativité, sur les battants de côté des figures de Saints et de Saintes se détachant en ronde bosse dans des niches. La partie inférieure est à jour avec un piétement torse. Fin XVIe siècle.

27 — Bahut à trois portes en bois sculpté à jour, travail indien.

28 — Deux Banquettes en bois sculpté avec dossiers à trois médaillons et accotoirs à volutes, style Louis XIII.

29 — Deux grands Coussins couverts de tapis d'Orient.

30 — Deux Chaises à hauts dossiers en bois sculpté, avec coussins couverts de tapis d'Orient, style Louis XIII.

31 — Douze Chaises en palissandre ciré, à dossiers carrés garnis d'ancienne tapisserie à fleurs et personnages, dessus foncés de canne.

32 — Quatre Escabeaux à hauts dossiers armoriés en bois sculpté, style Renaissance.

33 — Deux Fauteuils en palissandre sculpté forme carrée, style Louis XIII, couverts d'ancienne tapisserie au point et au petit point représentant des sujets allégoriques encadrés de fleurs et de feuillages.

34 — Deux grands Fauteuils en bois noir sculpté avec dossiers à frontons et bras à têtes chimériques, couverts en velours dit de Gênes, fond vieil or, dessin multicolore, style Louis XIII.

35 — Grand Fauteuil en bois sculpté avec dossier à fronton, style Louis XIII.

36 — Fauteuil en noyer sculpté avec dossier à oreillons offrant en bas-relief des masques de satyres, couvert en brocatelle verte, époque Henri II.

37 — Coffre gothique en bois sculpté offrant sur la façade des dessins en ogive.

38 — Table en bois de chêne et de noyer, dessus marqueté, style Louis XIII.

39 — Belle Table de salle à manger en bois de palissandre ciré, à cinq rallonges.

40 — Table à Jeu en acajou et filets de cuivre, époque Louis XVI.

41 — Deux petits Tabourets couverts en ancienne tapisserie à fleurs et fruits, bordée de peluche et garnie de passementerie assortie.

FAIENCES

42 — **Delft.** Jolie Cage forme de tourelle, décorée de paysages avec figures en camaïeu bleu, montants et oiseaux en polychrome.

43 — **Faenza.** Deux Bouteilles à panse sphérique, décor arabesques et figure de saint Jean.

44 — **Abruzzes.** Vase de pharmacie à deux anses, décor à fleurs et feuillages avec inscription sur la panse.

45 — **Arras.** Soupière décor à fleurs bleues sur blanc.

46 — **Milan.** Coupe sur piédouche, décor à fleurs.

47 — **Marseille.** Deux petites Jardinières à quatre faces, décor à fleurs dit feuilles de choux.

48 — **Rouen.** Deux Pantoufles, décor bleu et décor polychrome.

49 — **Rouen.** Fontaine avec bassin, décor à fleurs et rinceaux en polychrome.

50 — **Avisseau.** Plat rond, décor à coquillages et écrevisses.

51 — **Avisseau** (genre de). Console d'applique formée d'un mascaron.

52 — **Strasbourg.** Soupière, décor à fleurs.

53 — **Castel-Durante.** Plat rond à ombilic, décor à figure de guerrier au centre et bordure à godrons.

54 — **Delft.** Deux Jardinières, décor fleurs et oiseaux en bleu.

55 — **Milan.** Plat oblong à bords festonnés, décor à fleurs.

56 — **Castel-Durante.** Quatre Cornets décors à fleurs et entrelacs.

57 — **Abruzzes.** Pichet, décor paysage.

58 — **Castelli.** Bouteille, décor à sujets.

59 — **Castel-Durante.** Aiguière de pharmacie, décor fond bleu à palmes.

60 — **Castel-Durante.** Aiguière de pharmacie décor à arabesques en bleu sur blanc.

61 — **Fabriques diverses d'Italie.** Quatre petits cornets, décors variés.

62 — **Abruzzes.** Vase à deux anses, décor en bleu.

63 — **Delft.** Deux Cornets côtelés, décor en bleu.

64 — **Nevers.** Deux Bouteilles, décor à fleurs.

65 — **Marseille.** Soupière, décor à fleurs fond violet.

66 — **Rouen.** Bannette, décor à corbeilles de fleurs et bordure polychrome.

67 — **Rouen.** Plat oblong, décor bleu sur blanc.

68 — **Montpellier.** Deux petites Bouquetières côtelées, décor à fleurs.

69 — **Marseille.** Soupière, décor à fleurs avec anses à branchages.

70 — **Marseille.** Soupière forme côtelée, décor polychrome.

71 — **Strasbourg.** Soupière de forme hexagonale, décor à fleurs, bordure à feuilles de choux.

72 — **Moustiers.** Aiguière, décor en bleu sur blanc.

73 — **Marseille.** Soupière, décor à fleurs avec fruits et rocailles en relief.

74 — **Strasbourg.** Petit Beurrier, décor à fleurs.

75 — **Rouen.** Quatre plats oblongs de différentes grandeurs en bleu sur blanc.

76 — **Abruzzes.** Plat oval décoré au centre d'un sujet mythologique avec bordure à fleurs.

77 — **Delft.** Petit Plat à bords festonnés, riche décor en bleu sur blanc.

78 — **Delft.** Paire de petites Potiches, décor à fleurs en bleu sur blanc.

79 — **Castel-Durante.** Deux Cornets, décor en bleu et jaune.

80 — **Bernard-Palissy** (genre de). Aiguière décorée de sujets en relief.

81 — **Milan.** Plat à bords festonnés, décoré de fleurs et de fruits.

82 — **Marseille.** Deux Vases brûle-parfums montés sur rochers avec groupes d'animaux.

83 — **Urbino.** Vase à deux anses, décor à la Raphaël sur fond bleu.

84 — **Abruzzes.** Vase avec couvercle, décor à paysages et guirlandes.

85 — **Castel-Durante.** Aiguière de pharmacie, décor à écusson tors de lauriers et inscription.

86 — **Castel-Durante.** Deux Vases de pharmacie en bleu et jaune.

87 — **Castel-Durante.** Cornet, décor à fleurs.

88 — **Castel-Durante.** Cornet, décor polychrome.

89 — **Moustiers.** Six Assiettes, décors à figures, oiseaux et feuillages en vert.

90 — **Delft.** Deux Assiettes, décor bleu sur blanc.

91 — **Delft.** Deux Assiettes, décor à fleurs en polychrome.

92 — **Strasbourg.** Deux petits Compotiers, décor à fleurs.

93 — **Delft.** Grand Plat rond, décor polycrome à fleurs.

94 — **Strasbourg.** Quatre Plats ronds, décor à fleurs,

95 — **Delft.** Huit Plats ronds, décors variés en bleu sur blanc.

96 — **Delft.** Deux Plats, décor à figures et inscriptions en polychrome.

97-108 — **Fabriques françaises.** Cinquante-trois assiettes. décors variés.

109 — **Delft.** Deux Plats, décor à fleurs et palmes en polychrome.

110 — **Fabriques françaises.** Six Saladiers, décors variés.

111-115 — **Strasbourg.** Vingt-sept petits Compotiers, décors au chinois, à la rose et à l'œillet.

116 — **Delft.** Quatre Plats ronds, décor polychrome et bleu.

117 — **Rouen.** Saladier oblong, décor à la tour en polychrome.

118 — **Rouen.** Deux Plats oblongs, décor en bleu.

119 — **Épernay.** Poêle en terre émaillée.

120 — **Japon.** Deux Mulets harnachés.

121 — **Fabrique moderne.** Vase, décor fond vert en relief.

122 — **Delft.** Deux Petits Compotiers, décor en bleu.

123 — **Gien.** Deux Appliques, décor à la Raphaël, monture en cuivre à trois lumières.

124 — **Fabriques italiennes.** Quatre Coupes sur piédouches, décors variés.

125 — **Marseille.** Grand Plat décor à fleurs.

126 — **Montpellier.** Grand Plat décor à festons et fleurs.

127 — **Castelli moderne.** Cinq grands Plats, décor à sujets historiques.

128 — **La Frata.** Six pièces : Coupe et Plats, décor en bleu.

129 — **Faïences françaises.** Trente-trois assiettes, décors variés de Strasbourg, Nevers, Marseille, etc.

130 — **Milan.** Trois petits Plats oblongs, décor à fleurs.

131 — **Sinceny.** Plat oblong, décor à fleurs et festons.

132 — **Fabriques italiennes.** Deux Plats longs, décor à sujets, anses à coquilles.

133 — **Moustiers.** Plat oblong, bordure bleue, fleurs au centre en polychrome.

134 — **Abruzzes.** Deux Plats creux, décor à personnage.

135 — **Fabriques italiennes.** Six Plats, décors variés.

136 — **Savone.** Deux Plats, décor à figures d'enfants, en camaïeu bleu.

137 — **Fabrique moderne.** Plat décoré d'une tête de jeune Fille en costume moyen âge.

138 — **Abruzzes.** Gourde, décor à rosaces.

GRÈS

139 — **Flandres.** Deux Cruches décorées de fleurs en relief sur fond bleu.

140 — **Flandres.** Quatre petits Cruchons de formes variées, montures en étain.

141 — **Flandres.** Cruchon décoré de médaillons et de sujets raphaëlesques.

142 — **Flandres.** Deux grands Cruchons, montures en étain.

143 — **Fabrique moderne.** Deux Pichets fond brun, montures en étain.

144 — **Urbino.** Deux petits Cornets, décor à la Raphaël.

145 — **Strasbourg**. Cadran d'Horloge, décor à fleurs.

146 — **Midi**. Fontaine, décor fond vert.

147 — **Terre de pipe**. Plat, Corbeille, Fraisier.

148 — **Fabrique moderne**. Jardinière tripode, décor à fleurs, fond marbre.

149 — **Allemagne**. Grand Cruchon décoré d'armoiries, avec anse formée d'une cariatide.

PORCELAINES

150 — **Inde ancien**. Théière décorée de scènes galantes, dans le goût européen.

151 — **Japon**. Deux Vases forme ovoïde, décor laqué fond rouge et fond noir, à rehauts d'or.

152 — **A la Reine**. Verrière, décor à fleurs.

153 — **Chine**. Grand Plat oblong, décor à paysages, en bleu.

154 — **Vieux Paris**. Deux Plats oblongs et deux Assiettes, décor à fleurs.

155 — **Chine**. Quatre Assiettes, décor à nombreux personnages, avec bordure dite mosaïque.

156 — **Japon ancien**. Compotier, décor à fleurs en polychrome, à rehauts d'or.

157 — **Tournai ancien**. Plat oblong, décor à fleurs en bleu.

158 — **Nast**. Assiette, décor à fleurs, bordure dorée.

159 — **Barbeau** Deux Plats, décor à fleurs.

160 — **Tournai**. Pot à crème, décor à côtes, et fleurs en blanc et or.

161 — **Courtille**. Cafetière, décor bleu sur blanc.

FERS, CUIVRES, ÉTAINS & OBJETS DIVERS

162 — Deux grands et beaux Chenets avec Traverse, Pelle et Pincettes, riche modèle, de style Renaissance.

163 — Très beau Soufflet en bois sculpté, offrant d'un côté en haut-relief des Cariatides de sphinx, des Enfants tenant des guirlandes de lauriers et des ornements dans le goût de la Renaissance, de l'autre côté, une Tête fabuleuse.

164 — Deux Vidrecomes en étain gravé, décor à ornements.

165 — Plat rond et creux en étain gravé, décor à fleurs et arabesques.

166 — Six petits Plats hexagones en étain gravés, décor de fruits.

167 — Plat oblong en étain.

168 — Petite Ecuelle à anse plate et repercée en étain.

169 — Deux Plats ronds en étain à godrons et gravés.

170 — Deux Plats ronds en étain, bordure à chaînette.

171 — Plat en étain, forme ovale, à bords festonnés.

172 — Petite Pendule en bronze, époque Louis XVI, représentant un fût de Colonne et des ustensiles de jardinage.

173 — Petite Pendule en cuivre, époque Empire.

174 — Petit Cartel en bronze doré, époque Louis XVI.

175 — Paire de Flambeaux en cuivre étamé.

176 — Deux Coupes en cristal taillé, montures en plaqué, modèle à ceps de vigne.

177 — Deux Salières en étain, époque Louis XV.

178 — Bassinoire en cuivre, époque Louis XIII.

179 — Médaillon en cuivre repoussé, représentant une Chasse au sanglier, encadrement doré, style Louis XVI.

180 — Deux Seaux en cuivre jaune, décor à armoiries et guirlandes de fruits.

181 — Quatre Seaux en cuivre, décor à fleurs et arabesques.

182 — Grand Cruchon à anse en cuivre jaune.

183 — Quatre Œufs d'autruche.

184 — Service à Bière, forme côtelée en verre bleu et jaune.

185 — Encrier en bronze avec Plateau style Persan.

186 — Deux Figurines en terre cuite, représentant des personnages du Courrier de Lyon.

187 — Deux petits Vases en poterie antique.

SALON

188 — Grand et beau Canapé couvert en peluche vieil or, relevé de draperies et garni de torsades.

189 — Quatre Fauteuils couverts en drap gris-soldat et rouge, garnis de torsades assorties, avec leurs housses.

190 — Bibliothèque en chêne, s'ouvrant, à trois portes vitrées et à 3 battants pleins, ornés de peintures simulant le marbre.

191-192 — Deux jolis Meubles bretons avec piétement à jour, s'ouvrant, à deux battants à rosaces et fronton à consoles, style Louis XIII.

193 — Écran en bambou et satin noir de Chine brodé

194 — Trumeau garni de glaces avec encadrement en bois sculpté et doré à fleurs, feuillages et coquilles, époque Louis XIV.

195 — Deux petites Consoles d'appliques en bois sculpté et doré, formées de dauphins ailés.

196 — Étagère en bois de palissandre.

197 — Table à ouvrage en bois rose et marqueterie ornée de bronzes, intérieur en érable avec glace.

198 — Piano oblique en palissandre de Planchat.

199 — Beau Violon *de Chiafredo Cappa de* 1682, avec archet de *Odinot* et un autre de *Lafleur*.

200 — Tabouret en bambou, foncé de canne.

201 — Deux petits Guéridons, supports en incrustation de nacre et d'ivoire, travail d'Orient.

202 — Tenture de salon en drap gris-soldat, avec bandes en drap rouge et garni de cordelières assorties.

203 — Quatre Cantonnières en tapisserie ancienne.

204 — Deux Rideaux en panne rouge et bandes de tapisserie.

205 — Console d'applique en bois noir sculpté, forme tête d'éléphant.

206 — Belle Garniture de cheminée en marbre gris et bronze ciselé et argenté : La Pendule, ornée de bas-reliefs représentant des enfants sur des dauphins, est surmontée d'une figure de vestale; les Lampes, en forme de vases, offrent au pourtour des sujets enfantins d'après Clodion, proviennent des ateliers de J. Lévy, à Paris.

207 — Deux grands Chenets en fer forgé, style Renaissance.

208 — Grande et belle Statue en bronze : Le Joueur de Triangle.

209 — Support en simili-marbre, couvert d'une draperie en ancien brocart à fleurs, garnie de franges de soie rouge.

210 — Paire de Cornets en porcelaine d'Imari, décor à figures de guerriers.

211 — Deux Lions en faïence de Nevers.

212 — Paire de Lampes en faïence de Delft, monture en cuivre poli.

213 — Beau Bras d'applique en bronze doré à 3 lumières, de style Louis XVI.

214 — Deux petites Figurines de porte-étendards en bronze argenté, tenant des thermomètres.

215 — Groupe en terre cuite : Attelage conduit par un singe de *Arson*.

216 — Groupe en terre cuite : Charrette attelée de chiens et conduite par un singe.

217 — Corbeille en porcelaine de Saxe, moderne, décorée de fleurs en relief et de sujets d'après Watteau.

218 — Petite Jardinière, forme jonque, en porcelaine moderne.

219 — Paire de Vases en bronze du Japon avec oiseaux en relief et anses à têtes d'éléphants.

220 — Deux Figurines en terre cuite et coquillage, pêcheur et marchande de poissons.

221 — Garniture de cinq pièces en porcelaine de Chine, décor à fleurs.

222 — Deux petits Cornets en ancienne porcelaine de l'Inde, décor à figures, monture en bronze doré.

223 — Petit Cornet de Chine, décor en bleu à fleurs.

224 — Deux Coupes à fruits avec plateaux en cristal taillé.

225 — Coupe avec couvercle en faïence de Padoue.

226 — Bassin de fontaine en faïence de Rouen, décor en bleu sur blanc.

227 — Jolie petite table orientale en incrustations de nacre et d'écaille.

228 — Brasero en cuivre, XVIe siècle.

229 — Vase à deux becs et à une anse en cuivre.

230 — Aiguière tripode en cuivre.

231 — Brasero tripode en cuivre, XVIe siècle.

232 — Brasero avec couvercle en cuivre, XVIe siècle.

233 — Seau à anses, en cuivre.

234 — Groupe en terre cuite: Enfant, Nymphe et Satyre d'après Clodion.

235 — Deux médaillons, profils de Napoléon 1er et de l'Impératrice, encadrés.

236 — Tapis, genre oriental, fond gros bleu à semis de fleurs, encadré de moquette verte.

237 — Deux Tapis de foyer d'orient.

238 — Grand Coussin oriental, couvert en toile brodée.

239 — Coussin en broderie de perles, à guirlandes de fleurs.

240 — Deux petits Coussins en velours brodé d'Orient.

241 — Monocle grand modèle, avec cage en bois de thuya et bois rose.

241 *bis* — Monocle petit modèle, avec cage en bois de thuya et bois rose.

242 — Divers objets d'étagères.

SALLE DES JEUX

243 — Beau Billard en noyer, à filets noirs, de Chereau et Blanchet, avec les queues, porte-queues, marquoirs, billes, baraques et accessoires.

244 — Appareil à quatre Lampes en cuivre poli, de Thurston et Cie, à Londres.

245 — Billard anglais en chêne et marqueterie.

246 — Billard hollandais en chêne et marqueterie.

247 — Table à jeu en noyer et filets noirs.

248 — Guéridon, damier en marqueterie de bois.

249 — Belle tenture en drap gris-soldat, avec bande en drap rouge et garnie de cordelières assorties.

250 — Grand et beau Divan à deux encoignures en retour, couvert en drap gris-soldat et rouge, garni de franges assorties, élevé sur marche couverte en moquette.

251 — Beau divan d'angle, semblable au précédent.

252 — Divan de milieu, semblable au précédent.

253 — Quatre Lampadaires d'appliques en cuivre poli.

254 — Deux jardinières en faïence barbotine.

55 — Cartel forme baril, en faïence, posé sur fût de colonne en chêne.

256 — Guéridon de fumeur, en bois sculpté.

257 — Chemin genre oriental, faisant le tour du billard.

258 — Devant de feu en bronze.

259 — Grand et beau Poêle en faïence émaillée, fond vert et fond violet, forme Renaissance, offrant sur la façade une figure d'arbalétrier et des cartouches à écussons, aux angles des cariatides de femmes, se terminant en volutes avec portes de foyer et armatures en fer forgé.

AQUARELLES

260 — Très importante collection de trente-six belles Aquarelles, par *Durandeau*, représentant les charges des célébrités du siècle : Alexandre Dumas père et fils, Gounod, Victorien Sardou, Victor Hugo, Paul de Cassagnac, Ambroise Thomas, Frédérick Lemaître, Erckmann-Chatrian, Offenbach, Lecocq, Villemessant, Paulin Menier, Lassouche, Capoul et Heilbronn, Gil Pérès, Hyacinthe, Déjazet, et sujets divers : Tiens! nous avons conquis l'Italie, les Normands, Tricoche, les Plaideurs, Quatuor alsacien, la jeune Garde (1815), Gloire immortelle de nos aïeux, Pioupiou et Belle fille, Gabier et Pomaré, M. Prud'homme, une Affaire d'honneur, la Bonne Aventure, Visite d'huissier, Anglais devant l'Océan, Mon Quartier, la Directrice des Postes, M. le Curé, le Commandant des forces publiques, Retour du bal, M. le Maire, un Groom, Tambour de village, MM. les Assassins et MM. les Jurés.

ESCALIER

261 — Tapis style oriental, à fond bleu, pour dix-neuf marches et deux paliers.

262 — Tapis semblable, pour huit marches.

263 — Vingt-sept Tringles en cuivre poli.

264 — Tapis en moquette, fond bleu, dessin oriental, couvrant l'antichambre du premier étage.

265 — Statue en bois sculpté, jeune page tenant un aigle sur socle à draperie. Travail italien.

266 — Guéridon-Support en bois sculpté.

267 — Suspension d'applique en cuivre repercé et poli, style Renaissance.

268 — Tableau en tapisserie, avec encadrement en bois sculpté et doré.

269 — Jolie Portière en tapisserie, représentant un paysage avec cigognes, encadrée de peluche rouge et bordée de franges havane.

270 — Portière en tapisserie à personnages, bordure à fleurs, encadrée de peluche rouge et bordée de franges havane.

271 — Jolie Portière en broderie de laine, représentant un paysage avec des quadrupèdes et des volatiles appliqués sur fond de peluche rouge, garnie de franges havane.

272 — Très belle Jardinière, surmontée d'un trumeau à glace biseautée avec encadrement à fronton, offrant sur les côtés des consoles à cariatides de monstres ailés, style Renaissance.

273 — Un Tableau par Chardigny (Portrait de chien).

1re CHAMBRE A COUCHER

274 — Magnifique Ameublement en bois rose, très richement orné de colonnettes, d'encadrements, de moulures en bronze ciselé et doré, et de plaques en porcelaine de Tournai, représentant, dans des médaillons à fond bleu turquoise rehaussés d'or, des sujets allégoriques aux travaux et aux divertissements des Amours, ou des attributs champêtres.

Beau travail de style Louis XVI.

Il se compose de :

Un grand Lit de milieu, avec dossier à fronton, offrant au centre le portrait de la princesse de Lamballe, encadré de gerbes de laurier et de festons.

Une Armoire à trois battants, garnis de glaces biseautées, entrecoupés de colonnes détachées en bronze doré, surmontées de chapiteaux corinthiens et couronnées par quatre brûle-parfums enguirlandés de lauriers. Le fronton représente le portrait de Mme Élisabeth encadré de perles, de lauriers et de festons.

Deux Tables de nuit, de forme élégante, supportées par quatre colonnes en bronze avec dessus en marbre rosé d'Egypte.

275 — Très beau Meuble, en bois rose, richement orné de bronze, doré et de plaques en porcelaine de Tournai, représentant des scènes enfantines, allégoriques à la pêche, aux jeux de l'amour, et des attributs champêtres, il s'ouvre à deux battants garnis de glaces biseautées et renferme un coffre-fort à deux portes de Haffner, style Louis XVI.

276 — Jolie petite Encoignure en bois rose, ornée de bronze, doré, avec dessus en marbre rose d'Egypte, style Louis XVI.

277 — Très belle Tenture complète, de la Chambre, en peluche bleue paon, bordée de passementerie.

Deux très belles décorations de croisées, avec large bandeau en peluche bleue paon, richement brodée d'oiseaux, de fleurs et de branchages en soie, en or et en argent.

Tenture de Lit, composée d'un baldaquin, dont le ciel à l'intérieur est garni en peluche bleue paon avec écusson encadré de fleurs en broderie de soie, deux grands rideaux et un large bandeau faisant tour de lit, ornés de superbes broderies analogues à celles des décorations de croisées. Cette tenture est doublée de satinette orange.

Magnifique Couvre-Lit, en peluche bleue paon, couvert de chimères, d'entrelacs et de fleurs en riche broderies d'or, d'argent et de soie.

Deux très belles Portières en peluche bleue paon avec écusson brodé à fond d'argent au centre et gracieusement relevées par de nombreuses cordelières, s'entrecroisant et suspendues à des griffons ailés en bronze poli.

Cheminée avec glace à biseau et encadrement en peluche brodée dans le même goût que les rideaux, offrant des fleurs, des oiseaux et des armoiries.

Le tout est garni de passementeries multicolores assorties.

278 — Prie-Dieu en bois sculpté, offrant sur le fronton ogival un crucifix avec figure de Christ, d'une grande finesse d'exécution. Sur la façade se détachent en bas-relief, sous des arceaux des figures de saints et des montants à cariatides, avec coussin en peluche bleue paon, offrant en broderie d'argent et de soie, un *Ecce Homo*, des têtes de chérubins, des rinceaux et des fleurs.

279 — Très belle Chaise longue en peluche bleue paon, ornée d'écussons, encadrés de fleurs en broderie de soie, avec draperies élégamment relevées, dossier capitonné et bourrelet en peluche rouge Van Dyck, garnie de passementerie assortie.

280 — Deux petits fauteuils poufs, dans le même goût.

281 — Grand fauteuil même style.

282 — Six jolies Chaises volantes en bois sculpté et doré forme Marie-Antoinette, couvertes en satin de différentes nuances et ornées de traînées de fleurs, d'attributs champêtres, d'oiseaux et d'insectes en broderie de soie.

283 — Pouf formé de deux coussins en peluche rouge et peluche bleue paon, brodé au chiffre G. E. encadré de fleurs.

284 — Deux Coussins en soie blanche et en soie bleue, garnis et doublés de peluche bleue avec cordelières et glands assortis.

285 — Joli Secrétaire bonheur-du-jour, en bois rose et marqueterie, richement orné de bronze doré et de plaques en porcelaine de Tournai, représentant des sujets d'après Watteau, des Attributs champêtres et des Fleurs.

286 — Grand et beau groupe en bronze, représentant les Fiancés de Grégoire. (Édition de Susse), posé sur socle en bois noir.

287 — Très belle Statue en bronze, grandeur nature, représentant *La Nuit* de Pollet.

288 — Beau Buste en marbre blanc, le Printemps, posé sur colonne en marbre vert.

289 — Trois Chapelets en bois sculpté.

290 — Bas-relief en bois sculpté, représentant le Couronnement de la Vierge, XVIIe siècle.

291 — Petit Christ en ivoire, finement sculpté, époque Louis XIV.

292 — Baiser de paix Greco-Russe, représentant la Vierge et l'Enfant, avec encadrement et costume en cuivre argenté et repoussé.

293 — Jolie Statuette d'Enfant couché, en marbre blanc, posée sur socle en acajou et cuivre, plinthe en marbre noir veiné de jaune.

294 — Paire de Vases en porcelaine de Berlin, décorés de sujets champêtres et de fleurs avec couvercles, surmontés d'Aigles.

295 — Paire de grands Chenets en cuivre, style du XVIe siècle.

296 — Joli Soufflet en bois sculpté à écussons, ornements et têtes fantastiques, style Renaissance.

297 — Deux Flambeaux en cuivre, style Renaissance.

298 — Deux petits Flambeaux en cuivre, style Louis XIII.

299 — Figurine en terre cuite, La Pêcheuse, réduction Colas, d'après Pradier.

300 — Figurine en terre cuite, l'Hiver de Lemaire.

301 — Deux petites Consoles d'appliques en bois noir sculpté.

302 — Deux Porte-Bouquets, forme Corne d'abondance en porcelaine, riche décor à fleurs et rehauts d'or.

303 — Deux Cornets en porcelaine de Longwy, fond bleu, émaillé de fleurs et de Cigognes.

304 — Petit Bénitier en cuivre, style Louis XIV.

305 — Petit Thermomètre, encadrement laqué.

306 — Tapis en moquette, couvrant la chambre à coucher et l'estrade du lit, à grands dessins polychromes.

307 — Jolie petite Aquarelle, représentant les délassements champêtres, par Mathieu (remarquable par sa finesse).

308 — Jolie Aquarelle, représentant la Nymphe des Ondes, d'après Chaplin, par Marie Ménault.

309 — Deux Aquarelles, portraits de jeunes Femmes, par Tofano.

310 — Deux jolis Bas-reliefs en terre cuite, représentant des Paysages, par Huet.

CABINET DE TOILETTE

311 — Grande et belle Toilette pour deux personnes, en bois sculpté, offrant en bas-relief des armoiries et des ornements, travail partie ancien, partie moderne avec dessus à tablette en marbre blanc.

312 — Grande Glace rectangulaire et biseautée, avec cadre en bambou.

313 — Grande et belle Armoire à fronton cintré, en bois sculpté s'ouvrant à deux battants, garnis chacun de trois glaces biseautées, selon les contours des panneaux, et offrant en bas-relief des jetées de fleurs, un groupe de colombes dans une couronne de lauriers, avec ornements en fer découpé forme Louis XIV.

314 — Belle Armoire en bois richement sculpté, offrant des médaillons à cages d'oiseaux, des coquilles et des corbeilles de fruits, s'ouvrant à deux battants garnis chacun de deux glaces biseautées, style Louis XVI.

315-316 — Deux grandes et belles Armoires en noyer s'ouvrant à deux battants garnis chacun de trois glaces biseautées suivant les contours des encadrements à moulures saillantes, avec armature, serrures et montants en fer découpé, style Louis XIV.

317 — Grand bureau cylindre formant commode en acajou, avec poignée et ornements en bronze, époque Louis XVI.

318 — Table-Bureau en acajou ornée de filets et de moulures en cuivre, époque Louis XVI.

319 — Guéridon en marqueterie de bois, orné de filets de cuivre, époque empire.

320 — Petite Table chiffonnière en acajou, époque empire.

321 — Table chiffonnière à trois tiroirs en acajou, ornée de filets de cuivre, dessus en marbre blanc, époque Louis XVI.

322 — Table chiffonnière en acajou, à pieds cannelés de cuivre, dessus en marbre blanc, époque Louis XVI.

323 — Belle Glace rectangulaire avec cadre à fronton, partie en glace biseautée, partie en bronze, époque Louis XIV.

324 — Trois petites Tables en laque.

325 — Deux Fauteuils à X en bois sculpté, couverts en ancien velours de Gênes, forme xvie siècle.

326 — Fauteuil à X en bois noir, incrusté d'ivoire, couvert en ancien velours de Gênes, forme xvie siècle.

327 — Deux Poufs couverts en ancien Lampas, fond rouge.

328 — Deux Fauteuils couverts en cuir brun, capitonné.

329 — Deux Décorations de croisées composées de Rideaux en étoffe-éponge et de Cantonnières en même étoffe, ornées d'applications de tapisserie et garnies de passementerie et de franges assorties.

330 — Tapis en moquette, fond maïs à fleurs, couvrant la pièce.

331 — Petit Tapis d'Orient.

332 — Suspension à six lanternes, en porcelaine du Japon, monture en bronze de style Louis XV.

333 — Orgue de Barbarie.

334 — Petite Psyché, cadre en bois noir.

335 — Joli groupe en marbre blanc : *Les Naufragés*, de Sarah Bernhardt.

336 — Jardinière en porcelaine, décor style Oriental à rehauts d'or.

337 — Bonbonnière en porcelaine, monture en cuivre.

338 — Deux petites Figurines, profils d'enfants musiciens en bronze.

339 — Email peint, représentant le Sacrifice d'Abraham.

340 — Jardinière en porcelaine moderne, portée par quatre figures d'amour.

341 — Deux Cache-pots avec leur plateau en porcelaine moderne.

342 — Petite Jardinière en verre doré et émaillé.

343 — Bas-Relief : Rubens, en fer.

344 — Deux plaquettes et un petit plat en étain.

345 — Figurine : l'Œuf de Pâques en faïence moderne.

346 — Jardinière en faïence, fond bleu, décor à fleurs, style chinois.

347 — Deux Lavabos en étain.

348 — Plateau en cuivre orné d'émaux, style Byzantin.

349 — Deux petits Seaux en faïence barbotine.

350 — Petite Hache en fer damasquiné.

351 — Deux grands Fusains : paysages de *Karl Robert.*

352 — Beau Reliquaire formé par une figure de saint Nicolas, en argent repoussé, XVIIe siècle.

353 — Portière en damas de soie rouge avec bande en lampas fond bleu, doublée en peluche bleue.

354 — Petit Thermomètre en ivoire sculpté.

355 — Épée de théâtre ayant appartenu à Mlle Déjazet.

356 — Porte-Allumettes en bronze nickelé formé par une figure de Chinois.

357 — Draperie en broderie orientale.

358 — Guitare, Mandoline et Tambourin.

359 — Coffre à bois couvert en velours.

360 — Panier en cuivre, Lanterne, Tambour de basque.

361 — Deux Figurines en faïence, petit Coffret à bijoux.

362 — Petite Jardinière avec plateau en céladon.

363 — Deux petits Tapis d'Orient.

SALLE DE BAINS

364 — Grande Armoire en chêne, Bahut en noyer, Support en bois noir, Glace avec encadrement en bois doré ancien.

365 — Paire de Rideaux de croisée, une Portière et un Fauteuil crapaud en toile à voile.

366 — Petite Lanterne algérienne.

367 — Tapis en linoleum.

LINGERIE

368 — Grande Armoire en bois sculpté ouvrant à deux battants, style Louis XIV.

369 — Table à ouvrage, Table pliante en pitchpin, deux Chaises bambou, quatre Chaises merisier, un Tapis à grand ramage couvrant la pièce.

2e CHAMBRE A COUCHER

370 — Beau Lit à colonnes torses supportant le baldaquin et dossier à fronton armorié en bois sculpté, époque Louis XIII.

371 — Armoire à glace en chêne sculpté à fronton armorié, style Louis XIII.

372 — Table de nuit en chêne sculpté, style Louis XIII.

373 — Petit Séchoir à cigares forme armoire, d'aspect monumental, en chêne sculpté, style Renaissance.

374 — Chiffonnier en bois d'acajou orné de cannelures et de filets de cuivre avec dessus en marbre blanc, époque Louis XVI.

375 — Petit Secrétaire chiffonnier en bois de placage orné de bronze Louis XV.

376 — Écran forme paravent en bois sculpté, orné d'applications en pierre de lard, style chinois.

377 — Joli Bahut à deux battants en acajou orné de lyres, de figures de Renommées et d'étoiles en bronze, dessus en marbre blanc, époque Empire.

378 — Grande Toilette à dessus de marbre blanc et Étagère entourée de rideaux d'Andrinople.

379 — Grande Glace rectangulaire encadrée d'Andrinople, ornée de deux bras d'applique à deux lumières en bronze.

380 — Divers Objets en porcelaine et en cristal taillé, Garniture de toilette.

381 — Gobelet en galvano monté sur pied en bronze.

382 — Pendule à cage en acajou de Mallet.

383 — Fauteuil Voltaire en acajou.

384 — Deux Chaises basses en bois sculpté. Époque Louis XIII.

385 — Devant de feu en bronze verni, style Louis XVI.

386 — Jardinière tricorne en barbotine.

387 — Figurine de savant en bois sculpté.

388 — Cache-pot avec Plateau en porcelaine décorée.

389 — Guéridon rectangulaire en bois noirci.

390 — Petit Dessin à la mine de plomb : Portrait de Femme.

391 — Médaillon en terre cuite avec profil en biscuit de la Comtesse Lionel de Chabrillant.

392 — Gravure : Le Moulin de Bourbon.

393 — Deux Eaux-Fortes d'après Rembrandt.

394 — Tableau représentant la Bascule, sujet allégorique de Pinel.

395 — Dessin au fusain : Paysage de Durandeau.

396 — Deux petits Tableaux : Portraits d'hommes de Bandjon.

397 — Petite Soucoupe en vieux saxe, encadrée.

398 — Cache-pot en porcelaine de Montereau.

399 — Écharpe en broderie orientale.

400 — Petit Bénitier en cuivre, style Louis XIV.

401 — Verre d'Eau en verre gravé.

402 — Sèche-serviette.

403 — Deux Modèles de petits navires.

404 — Tableaux de fruits et oiseaux, école moderne.

405 — Tapis couvrant la pièce, fond blanc à fleurs.

DEUXIÈME ÉTAGE

ANTICHAMBRE

406 — Environ vingt-quatre mètres de Tapis chemin fond gris.

407 — Tableau ancien représentant Joseph et Putiphar.

3e CHAMBRE A COUCHER

408 — Lit de milieu en bois noir gravé et rehaussé d'or, avec sa literie.

409 — Armoire à glace biseautée en bois noir gravé et rehaussé d'or.

410 — Toilette-Commode en palissandre, intérieur en marbre blanc.

411 — Table de nuit à volet en acajou.

412 — Ciel de lit avec rideaux et draperies à lambrequins, paire de Rideaux de croisée avec bonne grâce en draperie, dessus de cheminée en draperie et tenture complète de la chambre en étoffe de fantaisie à dessins bleus sur fond pâle, le tout garni de franges et de cordelières assorties.

413 — Tapis fond blanc à fleurs, couvrant la chambre.

414 — Dessus de lit en satinette bleue.

415 — Devant de feu en bronze verni, style Louis XVI.

416 — Jardinière forme rocaille en faïence de Saint-Clément, décor camaïeu bleu.

417 — Deux Porte-Lumières représentant des lions héraldiques en faïence, décor bleu.

418 — Garniture de toilette en faïence, décor à fleurs.

419 — Tableau-Paysage de Grossemann.

420 — Grande Glace avec encadrement à fronton en bois doré.

421 — Vide-Poche en satin bleu brodé.

4e CHAMBRE A COUCHER

422 — Deux Lits en acajou avec leur literie.

423 — Armoire à glace en acajou.

424 — Table de nuit à volets en acajou.

425 — Baldaquin d'angle avec tenture de lit, paire de Rideaux de croisée et Dessus de cheminée en perse à dessin bleu sur blanc.

426 — Baldaquin d'angle avec tenture de lit en perse fond blanc à dessins bleus.

427 — Fauteuil pouf couvert en perse.

428 — Toilette à dessus de marbre blanc, garnie en perse.

429 — Garniture de toilette en faïence, décor à fleurs.

430 — Chaise en Bambou.

431 — Paire de flambeaux à figure de femme, en composition.

432 — Vase en cristal bleu.

433 — Tableau représentant une italienne, de *Brilla.*

434 — Tapis fond blanc à fleurs, couvrant la chambre.

435 — Galerie de foyer en cuivre.

5e CHAMBRE A COUCHER

436 — Ameublement en acajou composé d'un lit avec sa literie, une armoire à glace, une table de nuit et une toilette anglaise.

437 — Paire de Rideaux de croisée en cretonne.

438 — Glace avec cadre couvert en étoffe végétale.

439 — Tapis fond blanc à fleurs, couvrant la chambre.

440 — Garniture de toilette en porcelaine.

6e CHAMBRE A COUCHER

441 — Deux Lits en acajou avec leur literie.

442 — Armoire en palissandre.

443 — Commode en acajou.

444 — Deux Tables de nuit en acajou.

445 — Six Rideaux, Deux Portières en étoffe végétale.

446 — Deux Chaises couvertes en étoffe végétale.

447 — Deux Poufs couverts en broderie d'Orient sur fond de drap noir.

448 — Toilette garnie en étoffe végétale.

449 — Glace avec cadre couvert en étoffe.

450 — Tapis fond blanc à fleurs, couvrant la pièce.

451 — Tableau-Paysage, école moderne.

452 — Tableau : Orphée chez les muses, grisaille, école ancienne.

453 — Gravure : Napoléon Ier, d'après David.

454 — Fusain : Paysage de Herbert.

455 — Photogravure : La Bonne Histoire.

456 — Garniture de toilette en faïence.

TROISIÈME ÉTAGE

457 — Tapis-Chemin, dessin tigré, couvrant l'escalier.

7e CHAMBRE A COUCHER

458 — Lit en fer avec sa literie.

459-461 — Toilette-Commode, Vitrine et Commode en acajou.

462 — Petit Bureau d'enfant en palissandre.

463 — Tapis fond blanc, couvrant la chambre.

8e CHAMBRE A COUCHER

464 — Trois Lits en fer avec leur literie.

465 — Huit Rideaux en cretonne, deux toilettes en acajou.

466 — Tapis fond blanc à grands ramages, couvrant la pièce.

467 — Table à volets, psyché en acajou.

468 — Deux Chaises en bambou.

MEUBLES DIVERS

469 — Ameublement de salle à manger, en noyer et filets noirs, composé de : un Buffet vitré, un Dressoir à étagères, douze Chaises foncées de Canne.

470 — Cinq Tables pliantes en acajou, palissandre et noyer.

471 — Beau Dessus de console en lave, décoré par *Ponsin*, représentant *Bacchus*.

472 — Bureau-Ministre en bois noir.

473 — Buffet à étagères en acajou.

474 — Commodes, Toilettes anglaises et autres meubles d'usage en acajou.

CUISINE ET OFFICE

475 — Horloge avec cage en bois peint et balancier forme lyre.

476 — Bahuts, Buffets, Armoires, Tables en bois blanc.

477 — Suspension à deux Lampes, services de Table en porcelaine, Verreries.

478 — Nombreuse batterie de Cuisine en cuivre et en fer, Balances et ustensiles divers.

SELLIER ET CAVE

479 — Nombreux Porte-Bouteilles en fer.

480 — Lots de Bois et de Boiseries.

481 — Vitraux et Châssis.

CHENIL

CHIENS DE GARDE

482 — **Fox**, né le 4 avril 1883, chien danois.

483 — **Diane**, née le 1er juin 1881.

PROGÉNITURE DE DIANE

484 — **Nelusko**, né le 16 mars 1884.

485 — **Léone**, née le 16 mars 1884.

486 — **Nana**, née le 10 mars 1883, chienne caniche anglaise.

487 — **Duchesse**, noire	nés le 29 octobre 1883 caniches.
488 — **Marquise**, noire	
489 — **Comtesse**, noire	
490 — **Muguette**, marron	

ÉCURIE

491 — Une Jument sous poil gris pommelé, 6 ans et demie.

492 — Un Ane sous poil bai, 6 ans, (race Corse d'Orezza).

493 — Nombreux Ustensiles d'écurie.

REMISE

494 — Charrette à âne.

495 — Tombereau.

SELLERIE

406 — Harnais, Brides et autres accessoires de Harnachement.

407 — Livrées.

408 — Nattes, Tapis brosse.

PLANTES

499 — 5 Latanias.

500 — 2 Gros Phénix.

501 — 3 Cycas.

502 — 3 Philodendrons.

503 — 3 Petits Phénis.

504 — 3 Cocos en caisse.

505 — 4 Cocos en pot.

506 — 10 Ficus.

507 — 3 Latanias en pot.

508 — 40 Dracœnas.

509 — 33 Bromelias.

510 — 3 Fougères.

511 — 6 Aralias.

512 — 1 Pandanus panaché.

513 — 3 Aloès.

514 — 2 Pittosporum.

515 — 1 Fuchsia.

516 — 1 Citronnier.

517 — 1 Hortensia.

518 — 12 Irésine.

519 — 100 Alternantheras.

520 — 60 Anthemis.

521 — 19 Aspidistras.

522 — 2 Bambous.

523 — 195 Bégonias.

524 — 14 Camélias, 7 en terre.

525 — 3 Chamœrops.

526 — 30 Colens, 7 variétés.

527 — 2.000 Géraniums.

528 — 50 Héliotropes.

529 — 11 Rhododendrons.

530 — 2 Woodvordias.

531 — 24 Dahlias.

532 — 14 Cactus.

533 — 23 Cadias.

534 — 7 Orangers.

535 — 2 Grenadiers.

536 — 1 Laurier-Rose.

537 — 1 Sainte-Catherine.

538 — Rosiers, Violettes, Plantes grasses, Yuccas et Plantes diverses.

539 — Ustensiles de jardinage, Meubles rustiques, Chaises, Fauteuils, Bancs, Guéridons, Tables en bois et en fer.

MOBILIER

PROVENANT

DE LA VILLA DES BAILLIS

A

SANDRANCOURT

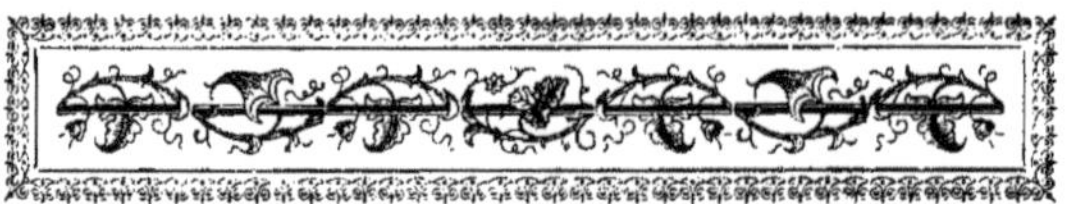

DÉSIGNATION

SALLE A MANGER

540 — Ameublement en chêne sculpté, composé d'un Buffet vitré s'ouvrant à quatre battants avec attributs de natures mortes dans la partie inférieure et orné de colonnes torses, une Desserte à étagère, Table à trois rallonges et six Chaises à hauts dossiers, couvertes en moleskine verte.

541 — Six Chaises en chêne sculpté, foncées de canne.

542 — Petite Étagère d'applique en chêne sculpté, à colonnes torses.

543 — Table en acajou à rallonges.

544 — Suspension en bronze poli à une lampe et douze lumières.

545 — Grande Glace biseautée, cadre en poirier noirci.

546 — Glace d'entre-deux avec fronton, porte-patères à tête de cerf.

547 — Bois de cerf.

548 — Coucou en cuivre gravé, époque Louis XIV.

549 — Deux paires de Rideaux et deux Portières en Andrinople avec embrasses assorties.

550 — Galerie de foyer en bronze poli.

551-565 — **Fabriques de Strasbourg, de Nevers et de Rouen.** 76 Plats et Assiettes à décors variés. (Seront vendus par lots assortis.)

566 — Service de verrerie, Service de table en porcelaine, décor bleu sur blanc.

CHAMBRE A COUCHER

567 — Lit en bambou, garni de perse, fond jaune, dessin bambou avec sa Literie, Couvre-Pieds, Baldaquin avec rideaux et deux paires de Rideaux de croisées. Table de nuit à étagère en bambou.

568 — Deux Fauteuils en bambou, foncées de canne.

569 — Six Chaises en bambou, foncées de canne.

570 — Grande Armoire à deux portes, en noyer.

571 — Grand Lit en fer avec sa literie, Toilette à dessus de marbre, garnie de perse, deux Descentes de lit.

572 — Tapis d'Orient.

573 — Paire de Flambeaux en cuivre.

574 — Deux Tableaux, Paysage, école moderne.

575 — Tableau représentant un triomphe.

SALON

576 — Quatre Panneaux décoratifs, peints sur toile, représentant des scènes champêtres.

577 — Ameublement en acajou et damas de laine rouge, composé : d'un canapé, deux fauteuils et cinq chaises, époque Empire.

578 — Piano en acajou de Ignace Pleyel.

579 — Table à jeu, forme ronde, en acajou et filets de cuivre, époque Louis XVI.

580 — Table-Bureau en citronnier et palissandre avec moulures en cuivre, style Louis XVI.

581 — Table à ouvrage en acajou, époque Empire.

582 — Paire de Flambeaux en cuivre, style Louis XV.

583 — Pendule en marbre noir et bronze.

584 — Paire de Flambeaux en cuivre poli.

585 — Deux Aiguières en faïence, fond vert, sur pieds à têtes d'éléphants.

586 — Paire de Vases en porcelaine de l'Empire.

587 — Groupe de trois figures en porcelaine de Paris.

588 — Glace avec cadre, en cretonne.

589 — Deux paires de Rideaux et Garnitures de cheminées, en cretonne fond noir.

2e CHAMBRE A COUCHER

590 — Ameublement en bambou et pitchpin, composé d'un lit garni de perse avec sa Literie, une Armoire à glace, un petit Canapé, un Fauteuil capitonné, un Baldaquin avec Rideaux de lit et Lambrequin, deux Rideaux et trois Portières en perse à dessins bleus.

591 — Table X en bambou.

592 — Glace rectangulaire avec cadre en bambou.

593 — Garniture de cheminée en composition.

594 — Deux Cache-Pots en faïence, décors de pâturages.

595 — Galerie de foyer en cuivre.

596 — Petits tapis d'Orient.

597 — Chimère en porcelaine céladonnée.

CABINET DE TOILETTE

598 — Grande Toilette à dessus et tablette en marbre blanc, garnie de cretonne.

599 — Glace rectangulaire avec cadre en cretonne.

600 — Garniture de toilette en faïence.

601 — Buffet vitré en noyer.

602 — Console-Toilette couverte en cretonne.

603 — Glace psyché.

604 — Deux paires de Rideaux en cretonne rose avec embrasses.

605 — Horloge en bois peint avec cadran en cristal, style Louis XVI.

606 — Nombreux lits en fer, meubles courants, jeux divers, hamac, etc.

MOBILIER PROVENANT DE CHAPET

607 — Ameublement de Salle à manger en noyer et bambou, composé d'un buffet, une table et dix chaises.

608 — Rideaux et portières en drap rouge.

609 — Écran japonais.

610 — Suspension en faïence.

611 — Environ quatre-vingt-cinq Assiettes en faïences françaises de diverses fabriques.

612 — Services de Table en porcelaine et verrerie.

613 — Lampe de Delft.

614 — Deux Cornets en faïence.

CHAMBRE A COUCHER

615 — Bel ameublement : Lit d'angle avec rideaux et baldaquin, décoration de croisée et portière en satin bleu, capitonné de rose, orné de broderies.

616 — Cheminée dans le même goût avec glace et cadre couvert d'étoffe.

617 — Fauteuil couvert en étoffe bleue.

618 — Table de nuit en palissandre.

619 — Joli meuble à deux corps formant cabinet à l'intérieur, en bois noir orné de fines incrustations d'ivoire.

620 — Pupitre en laque.

621 — Deux pastels.

622 — Verre d'eau.

623 — Tapis fond blanc.

CABINET DE TOILETTE

624 — Armoire à glace en thuya et palissandre.

625 — Bureau en bois noir et or.

626 — Toilette garnie.

627 — Deux fauteuils, divan d'angle, décoration de croisée, portières et tenture en étoffe de fantaisie jaune et noire.

628 — Glace-Psyché de toilette.

629 — Tapis fond blanc.

630 — Chaise en bambou.

MEUBLES ET OBJETS DIVERS

631 — Toilette, armoire, table de nuit, lit en fer.

632 — Batterie de cuisine.

633 — Meubles de cuisine.

634 — Objets non catalogués.

CAVES DU VAL-GABRI

VINS

635 —	7,600	Bouteilles de Vin	de Margaux, mis en bouteilles en 1875, 1876, 1877.	(En caisses de 40 bout.).
636 —	276	—	de Saint-Estèphe.	(En caisses de 12 bout.).
637 —	156	—	de Pommerol.	—
638 —	50	—	de Porto.	(En caisses de 25 bout.).
639 —	84	—	de Château-Carbonnieux	(En caisses de 12 bout.).
640 —	204	—	de La Tour-Rodet, 1871.	—
641 —	264	—	de Cérons, 1874.	—
642 —	120	—	de Barsac P.	—
643 —	72	—	de Clos-Vougeot, 1870.	—
644 —	72	—	de Pichon-Longueville, 1875.	—
645 —	12	—	de Château-Laffitte, 1869.	—
646 —	36	—	de Gruaud-Larose, 1865.	—
647 —	36	—	de Cos-d'Estournel, 1875.	—
648 —	12	—	de Gruaud-Larose, 1870.	—
649 —	36	—	de Haut-Barsac, 1870.	—
650 —	12	—	de Château-Ludon, 1869.	—
651 —	84	—	de Château-Le-Crock, 1875.	—
652 —	24	—	de Château-le-Désert, 1870.	—
653 —	74	—	de Haut-Brion, 1869.	—
654 —	24	—	de Cos-d'Estournel, 1869.	—
655 —	108	—	de Château-Latour, 1871.	—
656 —	48	—	de Château-Yquem, 1874.	—
657 —	24	—	de Château-Latour, 1875.	—
658 —	12	—	de Château-Guiraud, 1875.	—
659 —	36	—	de Château-Margaux P., 1874.	—
660 —	48	—	de Porto.	—
661 —	36	—	de Château-Laffitte, 1874.	—
662 —	12	—	de Champagne-Veuve-Cliquot.	—

COGNACS

663 —	156	Bouteilles	de Cognac.	(En caisses de 12 bout.).
664 —	72	—	de Fine-Champagne-Cavaillon.	—

NOTA. — Les Caisses et l'Emballage sont à la charge des Acquéreurs.

Vve Renou, Maulde et Cock, imprs de la Compagnie des Commissaires-Priseurs, rue de Rivoli, 144. 700—51597

www.ingramcontent.com/pod-product-compliance
Ingram Content Group UK Ltd.
Pitfield, Milton Keynes, MK11 3LW, UK
UKHW021314190726
13839UKWH00007B/1352

9 782329 551630